BEI GRIN MACHT SICH IHR WISSEN BEZAHLT

Change Management und Strategieimplementierung mithilfe von Balanced Scorecards

Darius Schoppus

Bibliografische Information der Deutschen Nationalbibliothek:

Die Deutsche Nationalbibliothek verzeichnet diese Publikation in der Deutschen Nationalbibliografie; detaillierte bibliografische Daten sind im Internet über http://dnb.d-nb.de abrufbar.

ISBN: 9783346697738
Dieses Buch ist auch als E-Book erhältlich.

© GRIN Publishing GmbH
Nymphenburger Straße 86
80636 München

Druck und Bindung: Books on Demand GmbH, Norderstedt Germany
Gedruckt auf säurefreiem Papier aus verantwortungsvollen Quellen

Das Buch bei GRIN: https://www.grin.com/document/1255965

Deutsche Hochschule für
Prävention und Gesundheitsmanagement
Hermann-Neuberger-Sportschule 3
66123 Saarbrücken

Hausarbeit

Studiengang	Master of Arts – Prävention und Gesundheitsmanagement
Studienmodul	Strategische Unternehmensführung 2
Datum Präsenzphase (siehe Ergebnisdokumentation)	20.12.2021 – 22.12.2021

Inhaltsverzeichnis

1 Bodo Müllers Plan

Im ersten Kapitel und seinen Teilkapiteln geht es um den Plan für einen Wandel, den Bodo Müller initiieren möchte. Er hat eine Bedrohung am Markt wahrgenommen und diese über einen längeren Zeitraum beobachtet. Nach längerer Beobachtung wurde ihm klar, dass etwas getan werden muss. Im folgenden werden zuerst die Gründe für den Wandel dargestellt (1.1), danach verschiedene Aspekte des geplanten Strategiewandels erläutert (1.2) und als Abschluss des Kapitels auf mögliche Barrieren bzw. Widerstände gegenüber dem Wandel eingegangen (1.3).

1.1 Gründe für Wandel

Dieses Teilkapitel widmet sich den Gründen Bodo Müllers für den angestrebten Wandel in der Gesundheits- und Medizintechnik AG. Hierbei werden drei Gründe genauer dargestellt:

1. Die Strukturen in Krankenhäusern ändern sich dahingehend, dass die Krankenhausärzte nicht mehr für den Einkauf der medizinischen Geräte zuständig sind, sondern viel mehr die Krankenhausadministration oder die Einkaufsabteilungen. Da das Marketing der Gesundheits- und Medizintechnik AG auf die Krankenhausärzte abgestimmt ist, muss sich hier etwas ändern.

2. Durch niedrige Bezuschussung der Krankenhäuser durch die deutsche Regierung wird wirtschaftliches Handeln für diese immer wichtiger. Oft werden Geräte einfach instandgehalten, anstatt neue anzuschaffen. Diese Änderung des Verhaltens deutscher Kunden nimmt Bodo Müller schon länger wahr, so dass auch hier ein Umdenken im Unternehmen dringend notwendig ist.

3. Langfristig plant die Bundesregierung von Deutschland, die Gesundheitsausgaben noch weiter zu senken, so dass ein weiteres Wachstum im deutschen Markt ohnehin schwierig wird. Bodo Müller möchte deshalb weg von einem technologie- und ingenieurorientierten Denken und hin zu einem ganzheitlich orientierten Denken, um die Krankenhäuser dabei zu unterstützen, effizienter arbeiten zu können. Dadurch kann ein langfristiges Zusammenarbeiten auch im stark umkämpften und sehr ökonomisch ausgerichteten deutschen Gesundheitsmarkt gelingen.

1.2 Aspekte des Strategiewandels

Bodo Müller hat sich über einen längeren Zeitraum ein Bild der Marktsituation in Deutschland gemacht und daraufhin einen Plan entwickelt, wie er den Strategiewandel im Unternehmen erreichen will. Hinsichtlich des Change Managements wird hier deshalb auf drei Aspekte seines Plans eingegangen. Diese werden nachfolgend hintereinander dargestellt:

1. Alle Marketing-Vizepräsidenten (VPs) von seiner Strategie überzeugen, indem er sie versucht mit harten Daten und Fakten für das Handeln zu sensibilisieren. Er hat dafür seine Beobachtungen und sein Wissen zum deutschen Gesundheitsmarkt herausgearbeitet und dies beim vierteljährlichen Marketingtreffen den VPs vorgestellt, damit diese ein Extra-Budget für C-Level-Marketing freigeben.

2. Einführung eines geschäftsbereichsübergreifenden Projekts zu C-Level-Marketing, da C-Level-Marketing bisher bei der Gesundheits- und Medizintechnik AG noch nicht in Gebrauch ist. Das Projekt soll also dazu dienen, das Wissen bezüglich C-Level-Marketing zu erweitern und dieses dauerhaft in das Unternehmensumfeld zu integrieren.

3. Aufbau einer interdisziplinären Arbeitsgruppe, um den Wandel mit Hilfe aller Unternehmenseinheiten auf Arbeitsebene durchzuführen. Dafür versendete Bodo Müller Einladungen an alle potenziell Beteiligten für ein Kick-Off-Meeting. Ziel war es, den Wandel gemeinsam zu vollziehen, um die Identifikation aller mit der neuen Strategie zu gewährleisten.

1.3 Barrieren und Widerstände

Im Rahmen eines Wandels können immer Barrieren bzw. Widerstände entstehen. So auch im Fall des Wandels von Bodo Müller. Deshalb werden im Folgenden vier konkrete Beispiele für mögliche Widerstände und Barrieren dargestellt:

1. Kein Budget für den Wandel vorgesehen:

   Da in der Chef-Etage und bei den Marketing-VPs kein Bedarf für einen Wandel vorhanden war, wurde auch ein Budget für den Wandel eingeplant. Da die Marketing-VPs nach der Initiierung für den Wandel durch Bodo Müller immer noch keine hundertprozentige Notwendigkeit sehen, räumen sie nach wie vor kein Budget dafür ein.

2. Keine Emotionen der Beteiligten bezüglich des Wandels:

    Da sich niemand persönlich von der aktuellen Situation bedroht fühlt, weckt Bodo
    mit seinem Vortrag keinerlei Emotionen bei den anderen Mitarbeitern. Dadurch
    entsteht auch keine Motivation den Wandel durchzuziehen.

3. Überforderung der Beteiligten durch Einführung einer neuen Strategie bzw. kein
    Interesse, die Komfortzone zu verlassen:

    Da das Unternehmen bisher immer den Fokus auf die Krankenhausärzte gesetzt
    hat und es auch so funktioniert hat, fällt es nun schwer, den Fokus und die Strate-
    gie im Unternehmen zu ändern. Ohne Schulungen und Workshops fühlen sich die
    meisten überfordert mit der Situation und weichen der Situation lieber aus.

4. Sparmaßnahmen und Kürzung des Marketingbudgets:

    Da Bodo sich nicht auf so eine Situation vorbereitet hat, konnte er dieser Barriere
    nichts entgegensetzen.

2 Change Management

Dieses Kapitel zeigt auf, warum Bodo Müller mit seinem Wandel gescheitert ist und bezieht sich darauf auf Kotters 8-Stufen-Modell (Reisinger, S., Gattringer, R., & Strehl, F.
2013, S. 190). In Kapitel 2.1 werden dafür die Gründe für das Scheitern dargestellt und
auf gerade erwähntes Modell bezogen, in Kapitel 2.2 wird daraufhin dargestellt, was er
hätte besser machen können. Letzteres bezieht sich dabei widerum auf das weiterentwi-
ckelte 8-Beschleuniger-Modell von Kotter (Kotter 2015, S. 88).

2.1 Gründe für Scheitern

Im Folgenden werden die Gründe für das Scheitern Bodo Müllers erläutert und begründet.
Die Gründe werden nacheinander aufgelistet und orientieren sich dabei an Kotters 8-Stu-
fen Modell aus den 90ern.

1. Grund: Bodo Müller hat es nicht geschafft ein Gefühl der Dringlichkeit auf emo-
    tionaler Ebene zu entwickeln. Die Marketing VPs haben zwar anhand der Zahlen
    und Fakten realisiert, dass ein Handlungsbedarf besteht, aber sie haben sich nicht
    persönlich davon betroffen gefühlt. Außerdem hat Bodo nicht auf die Chancen
    aufmerksam gemacht, die sich mit der Strategieänderung insgesamt ergeben. Er
    hat eher auf die negativen internen Abläufe und auf das, was falsch läuft aufmerk-
    sam gemacht.

2. Bodo hat es nicht geschafft, ein starkes Leistungsteam zu erstellen. Er hat es zwar im Nachgang noch versucht, jedoch war dort die Akzeptanz für den Wandel schon sehr gering. Vor allem da C-Level-Marketing komplett neu für die Gesundheits- und Medizintechnik AG war, hätte er für die Einführung direkt ein starkes Team zusammenstellen sollen. Da er zu lange gezögert hatte und keine konkreten Maßnahmen vorstellte, konnte so niemand von seinem Plan nachhaltig überzeugt werden.

3. Bodo Müller hatte keine klare Vision für seinen Wandel ausgearbeitet. Er hat lediglich auf Missstände hingewiesen und gehofft, dass sich der Wandel dadurch begründet und umgesetzt wird. Seine Strategie war es, die Marketing VPs zu überzeugen ein C-Level Marketing einzuführen, ohne eine klare Vorstellung davon zu präsentieren, wie das Ganze am Ende ablaufen soll. Somit konnte sich niemand genau vorstellen, worauf er hinaus wollte. Jeder Beteiligte wusste zwar, dass Missstände vorherrschen, aber niemand wusste explizit, wie diese beseitigt werden sollten.

4. Bodo hat nicht genau erkannt, welche Hindernisse ihm bei seinem Wandel im Weg liegen. Er hat den leichten Widerstand am Anfang hingenommen und nichts dagegen unternommen. Durch die lange Zeit bis zum nächsten Marketing-Board und durch sein geringes Auseinandersetzen mit den Widerständen gegen den Wandel, hat er am Ende das letzte bisschen Unterstützung für sein Vorhaben verloren.

2.2 Veränderungen meistern

Um den Wandel erfolgreich umzusetzen, braucht Bodo Müller eine besser strukturierte und durchdachte Strategie. Deshalb wird folgend anhand des 8-Beschleuniger Modells von Kotter dargestellt, was er hätte anders machen müssen.

1. Er hätte sich zu Beginn an die Führungsebene des Unternehmens wenden sollen, um deren Zustimmung für das Vorhaben zu bekommen und gemeinsam mit ihnen den Wandel strategisch zu formulieren. Anhand einer SWOT-Analyse könnte man dort gut die Chancen und Risiken ausarbeiten und die Ergebnisse gemeinsam mit den anderen Beobachtungen am Markt bei einem unternehmensinternen und -übergreifenden „Krisengipfel" o.Ä. präsentieren. Dort ist es dann wichtig, ein Gefühl der Dringlichkeit, auch auf emotionaler Ebene, zu erzeugen und möglichst viele Freiwillige mit an Bord des Wandels zu bekommen.

2. Durch eine Vorstellung der Ergebnisse für das komplette Unternehmen können aus allen Bereichen freiwillige für eine lenkende Koalition gewonnen werden. Das Problem an sich betrifft zwar hauptsächlich die Marketingabteilung, aber durch ein Zusammenarbeiten vieler Freiwilliger an einem gemeinsamen Ziel lassen sich langfristig größere Erfolge generieren und die allgemeine Akzeptanz des Wandels ist auch wahrscheinlicher gegeben.

3. Nachdem die Weichen für eine lenkende Koalition gestellt sind, kann sich Bodo an die Ausformulierung einer strategischen Vision für den Wandel machen. Diese sollte so formuliert werden, dass sie jeder versteht und als Antrieb für die Mitglieder der Koalition dient. Auch soll sie neue Mitarbeiter in die Koalition lenken, so dass stets ein voranstreiten des Wandels gewährleistet werden kann. Vor allem aber sorgt sie dafür, dass die strategische Orientierung des dualen Betriebssystems sichergestellt wird und generell eine Orientierung für den Wandel geschaffen wird. So wird es Bodo schaffen eine Begeisterung für den Wandel zu generieren.

4. Als vierter Schritt muss die Vision und die Strategie der Koalition im Unternehmen kommuniziert werden. Wichtig hierbei ist, dass die Vision überzeugend und ehrlich rübergebracht wird. Dies sorgt dafür, dass im Unternehmen über den Wandel gesprochen wird und sich die Botschaft schnell mündlich verbreitet. Zusätzlich können Rundmails verschickt werden und eine Infoveranstaltung für alle im Unternehmen stattfinden – digital oder in präsenz. Ziel dieser Phase ist es, möglichst viele Freiwillige für die Koalition zu begeistern und den Wandel so mit Mitarbeitern aus allen Unternehmensbereichen voranzutreiben.

5. Um langfristig alle Koalitionsmitglieder zufrieden zu stellen, bedarf es einem guten Umgang mit Beschwerden und Hindernissen/Widerständen. Wichtig ist es hierbei, dass von anfang an kommuniziert wird, dass Beschwerden willkommen sind, um stets im Sinne aller zu handeln. Anders als im herkömmlichen Unternehmen kann sich in der Koalition jeder dem Problem annehmen, um dieses rasch zu beseitigen. So kann es nicht wie bei Bodo passieren, dass man unvorbereitet von Widerständen überrascht wird. Der Wandel kann so stets voranstreiten, ohne ins Stocken zu geraten.

6. Durch das Handeln in der Koalition ist es möglich, schnell Erfolge zu generieren, welche widerum gefeiert werden sollten. Da Menschen meist ungeduldig sind ist dieser Punkt besonders wichtig, um die Motivation in der Koalition hoch zu halten. Außerdem sorgt dies für eine gute Wirkung nach außen und zieht unter Umständen noch mehr Freiwillige an. Bodo könnte dafür alle zwei bis drei Monate

ein Treffen einberufen, bei welchem Erfolge oder Barrieren, welche die Erfolge beeinträchtigen zu feiern und zu besprechen. Dies wird dafür sorgen, dass sich die Freiwilligenarmee besonders in Zeug werfen wird, um persönliche und unternehmensinterne Erfolge herbeizuführen.

7. Anders als bei Bodos Wandel sollte er nie zu früh den Sieg erklären. Er war sich zu sicher, dass seine Argumente genügten um die Marketing VPs zu überzeugen. Es ist wichtig, stets am Ball zu bleiben und immer neu dazuzulernen, um den Wandel dauerhaft voranzutreiben und letztendlich über die Bühne zu bringen. Falls beispielsweise eine größere Hürde auftritt, muss diese einfach schnellstmöglich beseitigt werden und dauerhaft das Gefühl der Dringlichkeit des Wandels erhalten bleiben. Dadurch kann verhindert werden, dass man früher oder später im Wandel überrascht wird und dieser durch Unverhersehbares unterbrochen oder komplett beendet wird.

8. Im letzten Schritt muss es Bodo gelingen, den Wandel in die Unternehmskultur fest zu integrieren. So kann er dauerhaft Bestandteil des Unternehmens bleiben. Da die Gesundheits- und Medizintechnik AG eine starke Eigentümerkultur besitzt, muss er also daran anknüpfen und kommunizieren, dass der Wandel für den Unternehmenserfolg und somit für den Erfolg und wirtschaftlichen Nutzen der Eigentümer essenziell ist. Damit wird er langfristig auch die letzten Zweifel an dem Wandel beseitigen können.

3 Strategieimplementierung

Dieses Kapitel stellt die Maßnahmen zur Durchsetzung und Umsetzung von Bodo Müllers Strategie dar, um diese im Unternehmen zu implementieren. Es wird angenommen, dass er es geschafft hat, neben den Marketing VPs auch den CEO der Gesundheits- und Medizintechnik AG von seinem Vorhaben zu überzeugen.

3.1 Durchsetzung

Im ersten Teilkapitel der „Durchsetzung" werden drei konkrete Maßnahmen dargestellt, die Bodo Müller bzw. die Gesundheits- und Medizintechnik AG durchführen könnten, um die neue Strategie für den Wandel in das Unternehmen zu implementieren.

1. Organisieren eines unternehemensweiten Meetings, in welchem die neue Strategie, samt Vision vorgestellt wird. Dieses Meeting sollte zusätzlich digital übertragen werden per Livestream oder als Aufzeichnung, um auch die Mitarbeiter mit zu informieren, welche an dem Tag nicht da sind (Urlaub, Krankheit usw.) bzw. nicht in der Zentrale arbeiten. Inhalt des Meetings muss definitiv die genaue Beschreibung der Strategie und der damit einhergehenden Vision sein, sowie die Aufforderung, dass jeder danach streben sollte, mit seiner täglichen Arbeit die Implementierung der Strategie voranzutreiben. Oberstes Ziel aller sollte nach dem Meeting der Erfolg der Strategie sein. Außerdem sollte der weitere Ablauf zur Umsetzung der Strategie angekündigt werden.

2. Anbieten verschiedener Workshops, um das gesamte Personal des Unternehmens hinsichtlich der neuen Strategie zu schulen. Es sollte vor allem jeder Mitarbeiter wissen, worum es bei C-Level Marketing geht. Desweiteren sollten alle Aspekte der ausformulierten Strategie verstanden werden. Deshalb sollten auch allgemeine Workshops zu der Strategie stattfinden, um das Verständnis dieser sicherzustellen. Auch im Bereich von Dienstleistungen sollten Schulungen angeboten werden, z.B. im Bereich der Präsentation und Kommunikation, damit das C-Level in Krankenhäusern von den Angeboten der Gesundheits- und Medizintechnik AG überzeugt werden kann. Somit sollte es langfristig gelingen, das Unternehmen von einem technologie- und ingenieurorientieren hin zu einem service und marktorientierten Unternehmen zu entwickeln. Weitere Schulungen könnten sich außerdem noch auf folgende Bereiche beziehen: Situation des Gesundheitsmarktes in Deutschland, Telefonserviceschulungen, Projektmanagementschulungen usw.

3. Um langfristig Konflikte in der Strategieimplementierung zu vermeiden oder zu beseitigen bedarf es einer guten Umgehensweise mit diesen. Dafür ist ein gutes Konfliktmanagement unumgänglich, welches in diesem Fall aufgebaut werden sollte. Oft lassen sich Konflikte aber schon im Vorhinein vermeiden bzw. die Wahrscheinlichekeit für Konflikte verringern, indem man einen für das Unternehmen geeigneten Implementierungsstil wählt. Im Fall der Gesundheits- und Medizintechnik AG bietet sich das Partizipationsmodell am besten an, da hierbei auch die unteren Führungsebenen bei der Strategieformulierung mitwirken. Da das Unternehmen eine Eigentümerkultur pflegt, lassen sich so voraussichtlich die besten Ergebnisse erzielen, da jeder Mitarbeiter daran interessiert ist, dass der Erfolg des Unternehmens stetig wächst.

Mit diesen drei aufgelisteten Maßnahmen besitzt das Unternehmen eine gute Basis für die Akzeptanz der Strategie bei den Mitarbeitern. Nun kann sich den Maßnahmen der Umsetzung zur Strategieimplementierung gewidmet werden.

3.2 Umsetzung

Nachdem die Durchsetzungsmaßnahmen dargestellt wurden, werden nun die Maßnahmen zur „Umsetzung" konkretisiert aufgelistet.

1. Im Rahmen der „Durchsetzung" wurde bereits erwähnt, dass für die Strategieimplementierung das Partizipationsmodell angewendet wird. Dieses Prinzip wird nun auch für die „Umsetzung" herangezogen, indem alle Beteiligten gemeinsam den Aktionsplan erstellen. Dieser umfasst konkrete Aktionen, denen jeweils Verantwortliche zugeteilt werden. Jede Aktion unterliegt Kosten- und Ressourcenschätzungen, bekommt klare Start- und Endzeitpunkte zugeordnet und konkrete Ziele nach Inhalt, Ausmaß und Zeit ausformuliert. Anschließend werden alle Aktionspläne in ihrer Priorität geordnet und in einem Metaplan zusammengeführt. Wichtig ist es, genügend Zeit für die Erstellung der Aktionspläne einzuplanen, die Aufgaben breit zu verteilen und die Aufgaben Stück für Stück zu erledigen, um das Tagesgeschäft nicht erheblich zu beeinträchtigen bzw. zu Überforderungen bei den Mitarbeitern zu sorgen. Jeder Mitarbeiter sollte außerdem dafür sensibilisiert werden, bei Problemen auf die Zuständigen zuzukommen oder die Probleme bei den regelmäßigen Meetings anzusprechen, um den Arbeitsfluss während der Umsetzung nicht zu gefährden.

2. Als weiteren Schritt gilt es, das Unternehmen hinsichtlich des Wandels zu formen bzw. umzustrukturieren. Dafür müssen Organisationsstrukturen an die neue Strategie angepasst werden. Nach Venzin, M., Rasner, C. & Mahnke, V. (2010, S. 223) schaut man sich unter anderem an, welche Aufgaben neu dazugekommen sind und ob diese Aufgaben intern abgedeckt werden oder neue externe Mitarbeiter eingestellt werden müssen oder aber die bestehenden Mitarbeiter weitergebildet werden müssen. Weiterhin müssen noch andere Unternehmenspotentiale beachtet werden: die Unternehmenskultur, die Managementsysteme und die Mitarbeiter & Führungskräfte. Letzterem kommt im Rahmen des Wandels eine besondere Rolle zu. Denn alle Führungskräfte und Mitarbeiter müssen einerseits das notwendige Know-How besitzen, andererseits aber auch motiviert und mobilisiert

werden, um den Wandel aktiv voranzutreiben. Vor allem wenn die entsprechen-
den Führungskräfte fehlen, ist ein Scheitern bereits in den Anfängen vorprogram-
miert (Welge, M., Al-Laham, A. & Eulerich, M. 2017, S. 825).

3. Als dritter sehr wichtiger Punkt zur Umsetzung der neuen Strategie gilt es, wie
oben erwähnt die Mitarbeiter zu motivieren und zu mobilisieren. Dies ist insbe-
sondere die Aufgabe der Führungskräfte. Haake und Seiler (2012, S. 125) stellen
die Wichtigkeit der Überzeugungsarbeit durch Führungskräfte in folgender Abbildung gut dar:

Anhand der Abbildung sieht man also gut, dass es besonders wichtig ist, gute
Führungskräfte einzustellen, die über genügend Wissen und Erfahrung verfügen,
um der Aufgabe der Strategieimplemtierung gewachsen zu sein. Da vor allem die
weichen Faktoren wie Werte und Normen der Mitarbeiter den Erfolg des Strategiewandels beeinflussen (Raps 2004, S. 33), sollte darauf der Fokus liegen. Auf-
grunddessen kommt den Themen der „Kommunikation" und „Information" eine
zentrale Rolle zu. Es ist überaus wichtig, alle Mitarbeiter und vor allem die akti-
ven Treiber des Wandels auf dem aktuellsten Stand zu halten, kurze und unkom-
plizierte Informations- und Kommunikationswege aufzubauen und die Mitarbeiter stets motiviert zu halten. Dafür sollte(n) die Führungskraft bzw. die Führungskräfte jederzeit alle notwendigen Maßnahmen treffen und alle ihnen bekannten
Managementtaktiken und -instrumente nutzen.

4   Balanced Scorecard

Um die Implementierung von Bodo Müllers Strategie genau zu planen, wird hierfür die
Balanced Scorecard herangezogen. Dafür wird im folgenden Kapitel eine Ursache-Wirkungskette für die Strategie tabellarisch übersichtlich dargestellt.

4.1 Ursache-Wirkungskette

Die Ursache-Wirkungskette für die Gesundheits- und Medizintechnik AG beinhaltet ins-
gesamt fünf Perspektiven. Die vier klassischen Perspektiven (Finanzielle, Kunden-, interne Prozess- und Lern- & Entwicklungsperspektive) und zusätzlich die Perspektive der
Marketingsabteilung. Es wurde die Tabellenform gewählt, da dies die beste Übersicht für
die Ursache-Wirkungskette darstellt.

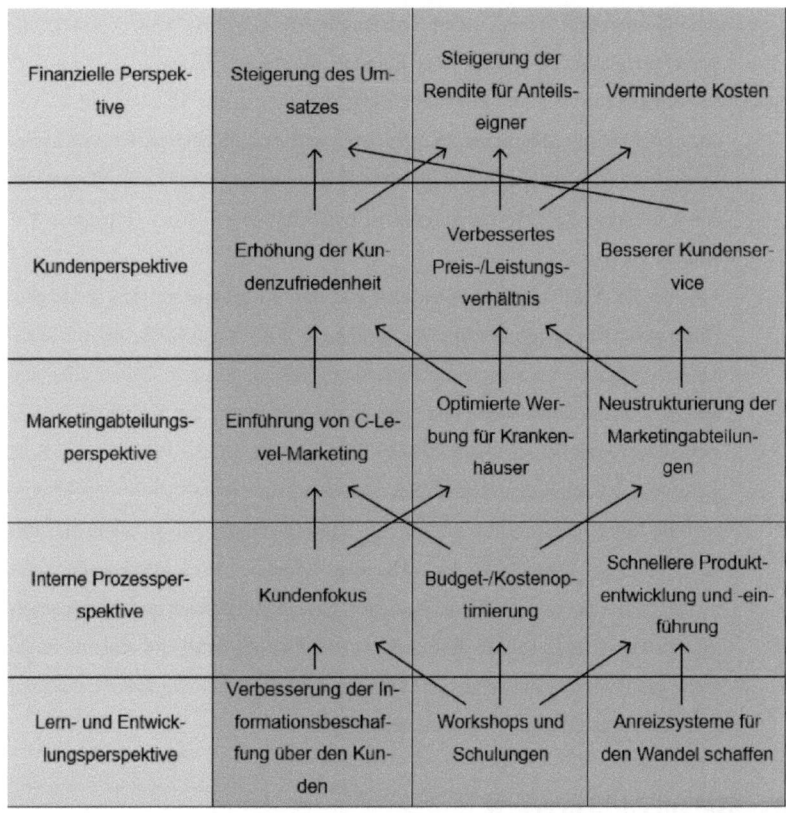

Abbildung 1 - Ursache-Wirkungskette für die Gesundheits- und Medizintechnik AG bezogen auf die Strategie von Bodo Müller (eigene Darstellung, editiert mit Adobe Illustrator)

4.2 Festlegung Ziele, Kennzahlen, Vorgaben und Maßnahmen

Um aus der Ursache-Wirkungskette Handlungen abzuleiten und die strategische Umsetzung zu konkretisieren, werden auf der Ursache-Wirkungskette basierend Ziele, Kennzahlen, Zielwerte und strategische Aktionen formuliert. Zusätzlich sind so durch die definierten Zielwerte direkt Controllingmaßnahmen integriert, um den Umsetzungserfolg wahrscheinlicher zu machen. Es folgt dazu nun die Übersicht in Tabellenform:

Tabelle 1 - Festlegung Ziele, Kennzahlen, Vorgaben und Maßnahmen für die Ursache-Wirkungskette der Gesundheits- und Medizintechnik AG

Perspektiven	Strategische Ziele	Messgrößen	Zielwerte	Strategische Aktionen
Finanzielle Perspektive	Marktanteile in Deutschland ausbauen	Anteil in % der Ausgaben für Medizingeräte in Deutschland	>40%	Marketingoffensive
Kundenperspektive	Verbesserter Kundenservice	Kundenzufriedenheit, Wiederverkaufsquote	>75% Zufriedenheit, >75% Wiederverkaufsquote	Wöchentliche Serviceschulungen + Meetings
Marketingsabteilungsperspektive	Optimierte Werbung für den Endkunden	Zufriedenheit des Krankenhaus C-Levels	>75% Zufriedenheit (Fragebogen)	Umstrukturierung der Marketingabteilung auf C-Level Marketing
Interne Prozessperspektive	Prozessbeschleunigung, Kosteneffizienz steigern	Personalkosten in % vom Umsatz	<10%	Einführung eines Prozessmanagements
Lern- und Entwicklungsperspektive	Digitalisierung vorantreiben	Bestellungen der Kunden über eigenen Onlineshop	Mindestens +80%	Homepage neu gestalten und intensiv bewerben

5 Unternehmensethik

Die Unternehmensethik stellt für das gesellschaftliche Ansehen eines Unternehmens eine wichtige Säule dar. Unternehmen, die nicht wertekonform handeln, haben es oft schwer, diesen Ruf wieder loszuwerden. Im Folgenden wird ein Beispiel aus der Praxis vorgestellt, das einen Skandal bzw. einen Wertebruch eines Unternehmens aufzeigt. Danach werden im Teilkapitel 5.2 die Werte dieses Unternehmens dargestellt, woraufhin im Kapitel 5.3 der Wertebruch gegen die zuvor dargestellten Unternehmenswerte diskutiert wird. Abschließend wird im Kapitel 5.4 veranschaulicht, welche Konsequenzen für zwei interne und zwei externe Stakeholder des Unternehmens für solch ein Verhalten herangezogen werden könnten oder tatsächlich herangezogen wurden.

5.1 Praxisbeispiel

Als Praxisbeispiel wird im Rahmen dieser Aufgabe der VW-Abgas-Skandal herangezogen und skizziert.

Bei diesem Skandal handelt es sich um einen sehr komplexen und langwierigen Skandal, der erst nach und nach aufgedeckt werden konnte, vor allem auch, weil die Beteiligten zuerst schwiegen. Er gilt für das Unternehmen als schwerste Krise der Unternehmensgeschichte (Norddeutscher Rundfunk [NDR], 2020). Bei dem Skandal geht es im Allgemeinen um eine Abschalteinrichtung, die illegalerweise in Motoren der Gruppe VW EA189 und auch in weiteren Motoren verbaut wurde (NDR, 2020). Durch die Abschalteinrichtung konnte VW bestimmte Grenzwerte, vor allem bei Dieselmotoren, erreichen und ihre Automobile somit trotz mangelhafter Schadstoffvermeidung am Markt anbieten. Man geht davon aus, dass mindestens elf Millionen Fahrzeuge der oben genannten Motorenreihe von VW, Audi und Skoda betroffen sind (NDR, 2020). Aufgrund der Komplexität des Skandals halten die Ermittlungen bis heute an. Verschiedene Funktionäre des Konzerns mussten und müssen sich bis heute vor Gericht behaupten. Der Volkswagenkonzern hat durch den Skandal bisher bereits einen größeren internen Wandel hinter sich und auch noch vor sich, wie man in der Chronologie des Skandals vom NDR (2020) nachlesen kann.

5.2 Unternehmenswerte

Folgende Unternehmenswerte kann man der Website von Volkswagen [VW] entnehmen (Volkswagen AG, 2021):

1. Verantwortung: Wir tragen Verantwortung für Umwelt und Gesellschaft.
2. Aufrichtigkeit: Wir sind aufrichtig und sprechen an, was nicht in Ordnung ist.
3. Mut: Wir wagen Neues.
4. Vielfalt: Wir leben Vielfalt.
5. Stolz: Wir sind stolz auf die Ergebnisse unserer Arbeit.
6. Zusammenhalt: Wir statt Ich.
7. Zuverlässigkeit: Wir halten Wort.

5.3 Wertebruch

Unternehmenswerte formuliert zu haben ist ebenso wichtig, wie sie auch im Unternehmensalltag anzuwenden. In diesem Kapitel wird deshalb der Wertebruch der Volkswagen AG anhand des oben beschriebenen Unternehmensskandals diskutiert.

Das Unternehmen hat im Rahmen des Skandals gegen verschiedene Unternehmenswerte verstoßen. Vor allem die Verantwortung gegenüber der Umwelt und die Zuverlässigkeit bzw. Ehrlichkeit wurden willentlich missachtet. VW hat mit der Installation der Software (Abschalteinrichtung) bewusst in Kauf genommen, dass mehr Schadstoffe als erlaubt ausgestoßen werden. Außerdem wurden Millionen Menschen, darunter Kunden, Händler, Zulieferer und Mitarbeiter getäuscht und bewusst belogen. Vor allem in der Managementebene kann man jedoch noch weitere Wertebrüche entdecken. So hat man den Wert der Aufrichtigkeit und den Wert des Zusammenhalts ebenso missachtet. Die bekannten Missstände wurden unter den Tisch gekehrt und es wurde sogar vom damaligen VW-Chef Martin Winterkorn bei der Vorstandssitzung so getan, als gebe es nur ein Problem mit der Dieselzulassung einiger Modelle in den USA (NDR, 2020). Daraus wird angenommen, dass gerade in der Führungsebene der persönliche Nutzen im Vordergrund stand und nicht das Ansehen und das Vertrauen des Unternehmens gegenüber der Mitarbeiter und Kunden/Partner. Zusammenfassend ist zu sagen, dass durch vertuschen der Tatsachen, bewusstes Belügen von Mitarbeitern und anderen Beteiligten und dem Missachten von Umweltauflagen gegen eine Vielzahl der Unternehmenswerte verstoßen wurde und somit ein massiver Wertebruch zu verzeichnen ist.

5.4 Konsequenzen

Nach Skandalen und Krisen müssen Unternehmen zwangsläufig Konsequenzen ziehen. Im Folgenden werden mögliche bzw. tatsächliche Konsequenzen für zwei interne und zwei externe Stakeholder der Volkswagen AG veranschaulicht. **Zuerst folgen nun die Konsequenzen für die internen Stakeholder:**

1. Konsequenzen in der Chef- bzw. Managementebene: unter anderem wurde Martin Winterkorn, der damalige VW-Chef entlassen. Auch sein Nachfolger Matthias Müller musste später den Platz wieder räumen (NDR, 2020). Nach und nach wurden neue Instanzen wie z.B. die Rolle des Chefstrategen in das Unternehmen integriert. An anderer Stelle wurden weitere Top-Manager entlassen (NDR, 2020). Die Hauptbeteiligten müssen sich bis heute vor Gericht verantworten und einige mussten ihre Strafe bereits antreten (NDR, 2020).

2. Konsequenzen für die Mitarbeiter im Unternehmen: durch die hohen Kosten, die durch den Skandal entstanden sind, sah sich VW gezwungen, Kosten einzusparen. So wurden zum Einen die Bonus-Zahlungen der Mitarbeiter ausgesetzt und zum Anderen Stellen gestrichen (NDR, 2020). Einige Mitarbeiter wurden in Kurzarbeit geschickt, da einige Werke aufgrund geringerer Nachfrage längere Betriebsferien hatten (NDR, 2020).

Nun folgen die Konsequenzen für zwei ausgewählte externe Stakeholder:

1. Konsequenzen für Anteilseigner/Aktionäre: Für die Anteilseigner bzw. Aktionäre waren die Konsequenzen ebenso von finanzieller Natur. So wurde die Dividende für die Aktionäre ausgesetzt, aber auch der absolute Aktienwert ging tief in den Keller (NDR, 2020). Daraufhin wurde VW von vielen einzelnen Privatinvestoren und durch 278 Großinvestoren im Rahmen einer Sammelklage auf Schadensersatz verklagt (NDR, 2020).

2. Konsequenzen für den Zulieferer Bosch: Der Zulieferer Bosch lieferte VW damals die Technik zur Abgasnachbehandlung, die später dann manipuliert wurde. Als Konsequenz musste Bosch zusätzlich zu VW Schadensersatz in Millionhöhe zahlen (tagesschau, 2019), obwohl Bosch VW in einem Schreiben vor der illegalen Nutzung der Technik warnte (Spiegel, 2015).

6 Literaturverzeichnis

Haake, K. & Seiler, W. (2012). Strategie-Workshop. *In fünf Schritten zur erfolgreichen Unternehmensstrategie.* 2., überarbeitete und aktualisierte Aufl. Stuttgart: Schäffer-Poeschel.

Kotter, J. P. (2015). *Die Kraft der zwei Systeme.* In: Harvard Business Manager (Spezial), S. 80-93.

Norddeutscher Rundfunk. (2020). *Die VW-Abgas-Affäre: Eine Chronologie.* Aufgerufen am 03.01.2022 unter https://www.ndr.de/nachrichten/niedersachsen/braun-schweig_harz_goettingen/Die-VW-Abgas-Affaere-eine-Chronologie,volkswa-gen892.html

Raps, A. (2004). Erfolgsfaktoren der Strategieimplementierung. *Konzeption und Instrumente.* 2., aktualisierte Aufl. Wiesbaden: Dt.-Univ.-Verl.

Reisinger, S., Gattringer, R., & Strehl, F. (2013). Strategisches Management. Grundlagen für Studium und Praxis. München, Harlow [u.a.]: Pearson.

Spiegel Gruppe. (2015). Manipulierte Abgasanlagen. *VW soll schon vor Jahren gewarnt worden sein.* Aufgerufen am 03.01.2022 unter https://www.spiegel.de/wirtschaft/un-ternehmen/vw-wusste-in-abgas-affaere-schon-frueh-bescheid-a-1054926.html

tagesscchau. (2019). Diesel-Skandal. *Bosch muss 90 Millionen Bußgeld zahlen.* Aufgerufen am 03.01.2022 unter https://www.tagesschau.de/wirtschaft/bosch-strafe-101.html

Venzin, M., Rasner, C. & Mahnke, V. (2010). *Der Strategieprozess.* Praxishandbuch zur Umsetzung im Unternehmen. 2. erw. Aufl. Frankfurt: Campus.

Volkswagen AG. (2021). *Das Wertefundament des Konzerns.* Aufgerufen am 03.01.2022 unter https://www.volkswagenag.com/de/group/volkswagen-group-es-sentials.html

Welge, M., Al-Laham, A. & Eulerich, M. (2017). Strategisches Management. *Grundlagen, Prozesse, Implementierung.* 7. Aufl. Berlin: Springer Gabler.

7 Abbildungs- und Tabellenverzeichnis

7.1 Abbildungsverzeichnis

7.2 Tabellenverzeichnis

BEI GRIN MACHT SICH IHR WISSEN BEZAHLT

- Wir veröffentlichen Ihre Hausarbeit,
  Bachelor- und Masterarbeit

- Ihr eigenes eBook und Buch -
  weltweit in allen wichtigen Shops

- Verdienen Sie an jedem Verkauf

**Jetzt bei www.GRIN.com hochladen
und kostenlos publizieren**